LIVELLO 1 • A1
500 parole

AMORE E CAPPUCCINO

Valeria Blasi

con illustrazioni di Giampiero Wallnofer

Letture Italiano Facile

direzione editoriale: Massimo Naddeo
redazione: Chiara Sandri
progetto grafico e copertina: Lucia Cesarone
impaginazione: Gabriel de Banos
illustrazioni: Giampiero Wallnofer

Printed in Italy
ISBN 978-88-6182-368-6
prima edizione: marzo 2015

ALMA Edizioni
viale dei Cadorna 44
50129 Firenze
tel. +39 055 476644
fax +39 055 473531
alma@almaedizioni.it
www.almaedizioni.it

audio on line su
www.almaedizioni.it/italiano-facile

INDICE

PERSONAGGI

Claudio

Karen

Livia

Miao

1. Aeroporto di Fiumicino

traccia 1

– Signore e signori, benvenuti a Roma.

L'hostess italiana saluta, Karen scende dall'aereo ed è felice. Finalmente a Roma!

– Mi scusi, dove devo andare per prendere la mia valigia? – domanda Karen all'ufficio informazioni.
– Da dove viene?
– Da Francoforte.
– Deve andare al numero 8.
– Grazie.

Al numero 8 c'è anche un ragazzo alto, con i capelli neri e gli occhi verdi. Il ragazzo guarda Karen e sorride.

– Arrivano le valigie! Bene, la mia valigia è la prima!
– No, quella è la mia valigia. – dice Karen.
– Ah, sì? La mia è rossa e nera. – dice il ragazzo.
– Anche la mia è rossa è nera. Allora abbiamo le valigie uguali!
– Sì. È vero! E ora come facciamo?
– È facile: sulla mia valigia c'è il mio nome.
– Ok. Come ti chiami?
– Karen Kaufmann.
– "Karen Kaufmann" – legge il ragazzo – Allora questa è tua.
– Grazie.
– Prego. E quella è mia: sta arrivando adesso. Io mi chiamo Claudio, molto piacere!
– Piacere!
– Di dove sei?

note

felice • contenta, di buon umore
Ciao! Sono felice di vederti!

valigia

sorride (inf. sorridere)

– Sono tedesca.
– Sei a Roma per la prima volta?
– Sì.
– Allora... Benvenuta!
– Grazie!
– Io lavoro in centro, faccio il barista. Quando vuoi un cappuccino speciale, puoi venire al mio bar. È davanti al Colosseo.
– Ok, d'accordo. Ciao Claudio!
– Ciao, a presto!

fai gli ESERCIZI
vai a pagina 40

2. Il Campidoglio

traccia 2

Due ore dopo, Karen è in centro, vicino al Campidoglio. Questa è la parte più antica di Roma. Ci sono tanti monumenti, tante piazze e tante chiese.
Roma è bellissima, è.... MIAO! Ma, che cos'è? Un piccolo gatto! MIAO!

– Ciao, piccolo! Sei molto carino, lo sai?
– MIAO!
– Ah, vuoi mangiare? Io parlo italiano, vedi? Capisci quando parlo, vero?
– MIAO!
– Ho qui un panino... ti piace?
– MIAO!
– Ahaha, sì, ti piace!
– Vuoi anche un po' d'acqua? Ecco...
– MIAO!
– Come ti chiami? Io mi chiamo Karen.
– MIAO MIAO!
– Ah ok, allora tu ti chiami Miao.
– MIAO!
– Ma, cosa fai, Miao? Non puoi venire con me!
– MIAOOOO.... prrrr.....
– Vuoi venire con me? Va bene!
– Prrrr.....
– Bella Roma, eh? Tu conosci bene tutte le vie, vero? Tu sei di Roma!
– MIAOOO....

note

antica • del passato, di tanto tempo fa, vecchia *Roma ha una parte antica e una parte moderna.*

chiese

carino • bello, simpatico *Pietro è un bambino molto carino.*

– Scusa, ma non puoi venire con me, adesso devo entrare in un museo!
– Prrrrr... MIAOO...
– Sì, è vero, è ora di mangiare! Cosa ti piace? Spaghetti? Ah no, tu mangi pesce, giusto? Io però voglio mangiare una bella pizza! Sì, una Margherita! A Roma ci sono tante pizzerie buonissime!
– Signorina, parla con me? – dice un signore.
– No, no, scusi.... parlo con questo gatto...
– Gatto? Io non vedo gatti.
– Ma dov'è? Miao, dove sei?
– Di che colore è?
– Bianco e nero...
– I gatti vanno dove c'è da mangiare, signorina... Vede, è lì vicino a quel turista, mangia una pizza.
– Ahahah! Bravo Miao! Adesso devo andare, ciao!
– MIAO!

fai gli ESERCIZI
vai a pagina 41

▸ note

pesce 

3. Il Colosseo

traccia 3

Mezz'ora dopo, al Colosseo.
Karen visita il famoso monumento romano. È grande e bellissimo. La ragazza legge la guida:

"Il vero nome del Colosseo è Anfiteatro Flavio. È il più importante monumento della Roma antica e uno dei simboli dell'Italia."

C'è molta gente. Tanti turisti vogliono vedere il Colosseo: americani, tedeschi, francesi, inglesi, russi, giapponesi, cinesi...
Dopo un'ora Karen finisce la sua visita. Di fronte al Colosseo c'è un piccolo bar con i tavoli sulla strada.

"Voglio un buon cappuccino." pensa Karen.

– Buongiorno, signorina.
– Buongiorno. È libero questo tavolo?
– Sì. Vuole il menù?
– No, grazie. Prendo un cappuccino.
– Va bene, signorina.
– Grazie.

Karen guarda sul telefono. C'è un messaggio di sua madre:

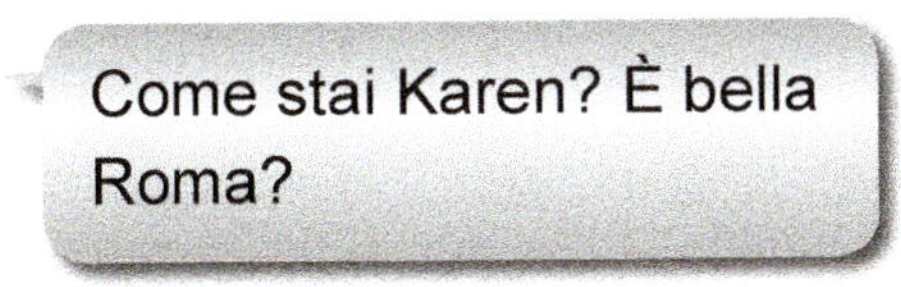

Il cameriere torna con il cappuccino:

– Ecco il suo cappuccino, signorina Karen.
– Grazie. Ma... Lei conosce il mio nome? E cosa c'è sul cappuccino?

Sul cappuccino c'è un cuore di cacao. Karen guarda il cameriere: è Claudio!

– Ciao Karen!
– Claudio! Tu lavori qui?
– Sì!
– E fai i cappuccini con il cuore per tutti i clienti?
– No! Solo per LE clienti speciali, come te!
– Ahaha! Grazie! È molto bello! Adesso però mi dispiace bere!
– Ma sì, bevi! Il mio cappuccino è buonissimo. Nessuno a Roma fa cappuccini così buoni!
– Mmmh, è vero, è buonissimo!
– Bene! Allora, ti piace Roma?
– Ma certo, è una città meravigliosa. E ho già un amico!
– Un amico? E chi è?
– Si chiama Miao.
– Miao? È cinese?
– Ahaha! Ma no...! È un gatto!
– Ahahah, e dov'è questo gatto?
– Vicino al Campidoglio. È molto simpatico!
– Senti, io finisco di lavorare alle sei. Vuoi fare una passeggiata, dopo?
– Una passeggiata?
– Sì, camminiamo e prendiamo un gelato! Qui vicino c'è un mio amico che fa dei gelati buonissimi! Beh, certo non come il mio cappuccino, ma...

▸ note

cameriere • persona che serve ai tavoli in un ristorante, in una pizzeria, in un bar *Mio fratello fa il cameriere in una pizzeria in centro.*

cuore 

mi dispiace • mi fa stare male – *Ti va di andare al cinema stasera? – Non posso, mi dispiace.*

simpatico • piacevole, divertente *Con Paolo rido sempre, è molto simpatico!*

fare una passeggiata • camminare senza una destinazione *Finalmente c'è il sole. Andiamo a fare una passeggiata al parco?*

BAR

– Va bene. Voglio proprio assaggiare il vero gelato italiano!
– Ok, alle sei qui?
– Alle sei.
– Io torno al lavoro.
– Bene. E io finisco il cappuccino.
– Allora a dopo, Karen.

fai gli ESERCIZI
vai a pagina 43

▶ note

assaggiare • provare un cibo, gustare *Vuoi assaggiare queste lasagne? Sono buonissime!*

4. In centro

traccia 4

Karen è felice. La sua vacanza inizia molto bene. È bello essere a Roma e avere qualcuno che conosce la città. E poi Claudio è un ragazzo simpatico e carino.
Alle sei e dieci Karen ritorna al bar per l'appuntamento.

– Scusa Claudio, sono un po' in ritardo, ma non è facile trovare la strada.
– Non c'è problema. Allora, andiamo a prendere il gelato?
– Va bene.
– Andiamo con la mia macchina.
– Una FIAT 500! E tutta gialla! Che bella!
– Sì, come l'orologio, vedi? Mi piace il giallo!
– Ahaha, vedo! Beh, è un colore allegro!
– Sì, è vero! Allora, andiamo!

Karen e Claudio entrano in macchina. La 500 attraversa il centro di Roma, pieno di gente e di colori: piazza Venezia, il Foro Romano, il Pantheon... Karen è felice: è bello vedere Roma da una 500 gialla!

– Allora, Karen sei felice qui a Roma?
– Sì, certo! A Roma non è possibile essere tristi!
– Beh, quando sei in vacanza tutto è bello. Quanto tempo rimani?
– Solo una settimana. Ma voglio tornare a Roma presto!
– Vuoi tornare a Roma presto? Allora dobbiamo andare a Fontana di Trevi! Conosci la tradizione della moneta in acqua?
– Sì, certo... Andiamo adesso?

note

orologio

allegro • vivace *Basta con il nero! Perché non scegli un colore più allegro?*

tristi • il contrario di "felici" *Alla fine delle vacanze siamo tristi. Non vogliamo tornare al lavoro.*

moneta

– No, prima mangiamo il gelato! Siamo arrivati, la gelateria è qui vicino.

Claudio parcheggia la macchina e scende. Anche Karen scende. I due ragazzi vanno verso la gelateria. Poi Karen si ferma.

– Scusa Claudio... il mio telefono non è nella borsa.
– Com'è possibile?
– Non so, forse è in macchina. Posso andare a vedere?
– Certo, prendi le chiavi. Io aspetto qui.
– Grazie! Torno subito!

Karen apre la 500 di Claudio e cerca il suo telefono. Guarda sotto il sedile e... sì, è lì! Ma... vicino al telefono c'è un'altra cosa.

"Mamma mia! Una pistola!"

Karen chiude la macchina. Non capisce.

"Perché Claudio ha una pistola in macchina? Forse ha paura dei ladri? O forse lui è.... ma no, non è possibile." pensa.

Karen non sa che cosa fare. Vuole andare via. Poi decide di rimanere. Così torna da Claudio.

– Tutto bene, Karen?
– Sì, Claudio. Tutto ok!
– Perfetto! Andiamo da Giovanni.

fai gli ESERCIZI
vai a pagina 45

▸ note

borsa 

chiavi 

sedile 

pistola 

ha paura (inf. avere) • non è tranquillo, è preoccupato *Mio padre non prende mai l'aereo perché ha paura di volare.*

ladri • criminali, persone che rubano 

decide (inf. decidere) • fa una scelta, prende una decisione *Antonio non ama programmare le vacanze. Decide sempre il giorno prima della partenza.*

5. Piazza Navona

traccia 5

La gelateria è in una delle più famose piazze di Roma: piazza Navona. La piazza è lunga e bellissima, sembra una grande nave. Ci sono palazzi, chiese antiche, statue. E molti turisti, come sempre.
La gelateria è piccola. La porta è bianca, verde e rossa.

"I colori dell'Italia." pensa Karen.

Dentro la gelateria c'è un ragazzo. È alto, con i capelli biondi e gli occhi neri. È Giovanni, l'amico di Claudio.

– Ciao Giovanni!
– Ciao Claudio! Come stai?
– Bene bene, e tu? Ah, lei è Karen.
– Ciao Karen, io sono Giovanni. Piacere!
– Piacere!
– Sei un'amica di Claudio? Di dove sei?
– Sono tedesca, di Francoforte...
– Karen, Giovanni fa dei gelati buonissimi, ma fa anche molte domande!
– Ahaha, ma no!
– Sì, sì! Giovanni che gusti nuovi hai questa settimana?
– Allora, questa settimana ho un gusto fantastico: cioccolato con arancia!
– Cosa?
– Sì, Karen, vuoi provare?
– Sì, certo!

note

nave

statue

gusti • specialità, tipi *I miei gusti preferiti di gelato sono limone e cioccolata.*

– Bene bene! E poi? Vuoi un altro gusto?
– Sì, crema.
– Bene! Ecco il tuo gelato. E tu Claudio? Che gusti vuoi?
– Come sempre: fragola, cioccolato e panna.
– Ok. Allora, Karen, che dici? Ti piace?
– Sì, molto! È davvero un gelato speciale! Bravissimo!
– Grazie!
– Karen, sei fortunata: in un solo giorno, puoi dire che conosci il gelato di Giovanni e il mio cappuccino! Il top, qui a Roma! – dice Claudio.
– Poi però questa sera voglio un altro cappuccino, ok?
– Un cappuccino?
– Sì, certo. Perché?
– Karen, in Italia il cappuccino è solo per la mattina. Vero, Giovanni?
– Beh, c'è chi prende il cappuccino anche alle 11, o anche alle 2 del pomeriggio. Ma di solito per noi italiani cappuccino significa colazione. – dice Giovanni.
– Solo a colazione? E la sera?
– La sera, dopo cena, prendiamo un caffè. Quando io vedo una persona che prende il cappuccino la sera, capisco subito che è un turista! Vero, Claudio?
– Sì, giusto!

Karen e Claudio finiscono il loro gelato, poi salutano Giovanni ed escono. Fuori è sera, una bella sera d'estate romana.

fai gli ESERCIZI
vai a pagina 46

▸ note

fragola

panna • crema di latte *Hai mai provato il caffè con la panna? È buonissimo!*

fortunata • in una situazione positiva *Ho trovato l'ultimo biglietto per lo spettacolo, sono stata molto fortunata!*

6. La Fontana di Trevi

traccia 6

Karen e Claudio camminano per il centro di Roma. Le vie e le piazze sono piene di gente e di luci.

"È come in un film." pensa Karen.

Claudio prende Karen per mano.

– Karen, adesso andiamo alla Fontana di Trevi: la sera è ancora più bella! – dice.
– È lontana da qui?
– No, in macchina sono 10 minuti.

Karen e Claudio entrano in macchina. Karen pensa alla pistola sotto al sedile. Vuole chiedere a Claudio perché ha una pistola, ma poi non dice niente.
Adesso andare nella 500 non è più così bello. Quella pistola è sempre nei suoi pensieri.

– Che cos'hai, Karen? Qualcosa non va?
– No, no... Tutto bene. Sono solo un po' stanca.
– Adesso possiamo scendere. La Fontana di Trevi è qui vicino. E a quest'ora è meravigliosa!
– Dov'è?
– Ancora pochi metri... è qui a destra. Vedi?
– La piazza è così piccola... Nelle foto sembra più grande!
– Non è bella, di sera?
– Sì, è molto bella.
– Devi lanciare una moneta nell'acqua. Per tornare ancora a Roma.
– Sì, so tutto! Ho qui una moneta.

note

luci • illuminazione

lanciare • gettare, tirare *Mi diverto a lanciare il fresbee al mio cane.*

Karen prende la moneta.

– Sono pronta!
– No, non così! – dice Claudio – Quando lanci la moneta non devi guardare la fontana.
– Ah, allora... così?
– Sì, brava. Adesso sei sicura che questo è solo il tuo primo viaggio a Roma.
– Bene!
– Facciamo una foto con il mio telefono? Io, te e la fontana!
– No, sono stanca... Non ho una bella faccia...
– Ma dai, sei bellissima. Sei bella come Roma! Uno, due... tre!

In quel momento suona il telefono. Claudio risponde. La sua faccia cambia espressione, diventa seria:

– Sì, certo. Ma... Adesso? Va bene, va bene. Certo, d'accordo. A tra poco.
– Cosa succede Claudio?
– Karen mi dispiace, devo andare.
– Va tutto bene?
– Sì, ma ora devo andare. Tu puoi tornare in albergo con un taxi. Scusami, Karen, ma è una cosa importante.

Karen guarda Claudio salire sulla sua 500 gialla. La macchina parte. Claudio non saluta. Karen rimane sola. Forse anche a Roma è possibile essere tristi.

fai gli ESERCIZI
vai a pagina 48

▸ note

faccia • viso 

7. San Pietro

traccia 7

Il giorno dopo, in albergo.
Karen si sveglia, apre la finestra. Su Roma c'è un bel sole, ma lei è un po' triste, pensa alla sera prima, alla 500 gialla, a Claudio...

"Non voglio essere triste. Non voglio pensare a Claudio. È solo un amico. Io non sono innamorata di lui... O no?" pensa.

Karen si veste ed esce. Cammina per le strade di Roma. C'è un bellissimo sole e ci sono molti turisti.
Un'ora dopo Karen è a San Pietro, la chiesa più famosa del mondo. La ragazza entra nella chiesa. Poi sale sulla cupola, da dove è possibile vedere tutta Roma. Che spettacolo!

"Ora voglio visitare i Musei Vaticani e vedere la Cappella Sistina." pensa Karen.

I Musei Vaticani sono grandissimi e pieni di opere importanti: Leonardo, Raffaello, Michelangelo... Ma la parte più bella dei Musei è la Cappella Sistina, con il famoso Giudizio Universale. Karen guarda le opere del Rinascimento italiano e rimane senza parole.

"Come è possibile tanta bellezza?" pensa.

Dopo qualche ora, Karen esce dai Musei. L'arte italiana è bellissima. Roma è bellissima. Ma con Claudio è più bella...

▸ note

innamorata • una persona che ama, che prova amore *Ti amo! Sono innamorata di te!*

cupola

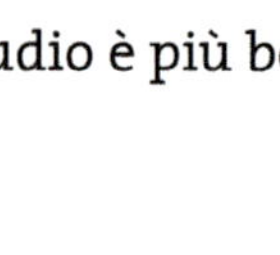

bellezza • splendore *La Venere di Botticelli è un'opera di particolare bellezza.*

BIP! BIP! Un messaggio sul telefono! Forse è Claudio!

> Ciao Karen, come va a Roma? Tutto bene?

No, è Martha, sua sorella.

"Ma certo," pensa Karen "non può essere Claudio. Lui non ha il mio numero. E io non ho il suo...".

Ma lui dov'è in questo momento? E chi è veramente Claudio? Perché ha una pistola in macchina? C'è solo un modo per sapere tutto: tornare al bar e chiedere un cappuccino con il cuore!

fai gli ESERCIZI
vai a pagina 49

8. Via del Corso

traccia 8

– No, Claudio non c'è. Non sappiamo quando torna.

Il cameriere è basso e non è bello. Karen ha sul tavolo un cappuccino senza cuore.

– Cosa c'è signorina? Perché non beve il cappuccino? Non è buono? – domanda il cameriere.

Karen non risponde. È molto triste. Dov'è Claudio? Perché nel bar nessuno sa niente? Karen non sa cosa fare. Poi esce dal bar e inizia a camminare verso il centro della città.

Dopo un po' arriva in via del Corso, la via dello shopping. Karen entra in un negozio di vestiti.

– Cerchi qualcosa? Ti posso aiutare? – dice la commessa.
– No, grazie. Voglio solo guardare.
– Sì, certo. Scusa... Ma... Sei un po' triste o sbaglio?
– No, non sbagli.
– Quando io sono triste, sai cosa faccio? Shopping!
– No, non sono qui per comprare. Voglio solo...
– Sì, lo so, vuoi solo guardare. Ma oggi ci sono gli sconti, vedi?
– Sì, vedo.

Karen, non vuole comprare niente, ma rimane nel negozio. Quella ragazza è simpatica. E Karen non vuole stare da sola e pensare a Claudio.

– Perché non provi questa maglietta? O quel vestito? – dice la commessa.

▸ note

commessa • persona che assiste i clienti in un negozio *Adriana fa la commessa in una libreria.*

sconti • prezzi più bassi, economici *Io faccio shopping nel periodo degli sconti.*

maglietta

– Cosa?
– Non ti piace il rosso? Preferisci il giallo?
– No, il rosso mi piace, ma non voglio comprare niente.
– Facciamo così: è un mio regalo. Per te.
– Cosa? Un regalo?
– Sì, perché no? Non mi piace vedere una ragazza triste. Questa maglietta è perfetta per te.
– Davvero...? Ma io...
– Tu hai bisogno di un regalo! Il camerino è lì a destra.

Karen entra nel camerino e prova la maglietta. Dopo poco esce: la commessa sorride.

– Sei bellissima! Ti piace?
– Sì, ma non posso accettare.
– Ma sì, per favore... Vedi, adesso sorridi! Il potere dello shopping!
– Sei molto gentile. Grazie. Come ti chiami?
– Mi chiamo Livia. E tu?
– Io sono Karen. Grazie Livia, sei una persona speciale! Io non so cosa dire.
– Non devi dire niente! Per me è un piacere!
– Senti... Tu quando finisci di lavorare?
– Alle sei. Perché?
– Prendiamo un aperitivo insieme?
– Ma sì, perché no? Ci vediamo in piazza del Popolo alle sei e mezza.

fai gli ESERCIZI
vai a pagina 51

▸ note

hai bisogno (inf. avere bisogno) • ti serve, ti è necessario *Ti vedo molto stanca, hai bisogno di riposo.*

camerino • stanza per provare i vestiti in un negozio – *Mi scusi, posso provare questi pantaloni? – Certo signora, il camerino è libero!*

potere • forza

aperitivo • cocktail, alcolico o analcolico, che si beve prima di pranzo o prima di cena. *In questo bar preparano un aperitivo molto buono!*

9. Piazza del Popolo

traccia 9

Piazza del Popolo è una delle piazze più belle di Roma. È una piazza magica, speciale. Nella piazza ci sono due chiese. Sono due chiese gemelle. Karen è seduta vicino alla chiesa di sinistra. Alle sei e mezza arriva Livia.

– Ciao Karen!
– Ciao Livia. Allora, dove andiamo?
– Qui nella piazza c'è il Bar Rosati, è un bar molto buono per gli aperitivi. Ti va di andare lì?
– Ma certo, andiamo!

Il bar Rosati è uno storico bar romano, molto famoso negli anni 60. È il bar degli scrittori e degli artisti. Dentro ci sono le foto di grandi italiani: Pier Paolo Pasolini, Federico Fellini...
Mentre prendono l'aperitivo, Karen racconta tutto a Livia: le valigie, il cappuccino con il cuore, la serata con Claudio, la pistola. E poi la telefonata.

– Questa storia è molto strana, Karen. Non so cosa pensare.
– Neanche io. In Italia è normale avere una pistola in macchina?
– No di certo! Ma forse Claudio ha una pistola perché ha paura di qualcosa. Forse ha un problema.
– Un problema? Quale problema?
– Non lo so.... Vuoi un altro spritz?
– Un altro cosa?
– Uno spritz, è il nome dell'aperitivo.
– Uhm... non so, io adesso ho fame. Tu no?

note

gemelle • uguali – *Hai incontrato Bruna? È appena uscita. – Ma no, quella è Anna, sua sorella gemella.*
scrittori • autori di romanzi, racconti, storie *Voglio regalare un libro a Francesca. I suoi scrittori preferiti sono Italo Calvino e Michela Murgia*

– Sì, giusto! Andiamo a cena?
– Ok! Dove possiamo andare?
– A Trastevere, lì ci sono molti ristoranti ed è possibile assaggiare la tipica cucina romana.
– Benissimo!

fai gli ESERCIZI
vai a pagina 53

10. Trastevere

traccia 10

Mezz'ora dopo le ragazze arrivano in viale Trastevere. Trastevere è il quartiere dove i romani vanno a mangiare. Anche qui ci sono molti turisti. Tutti i ristoranti sono pieni. Ma Livia conosce una piccola trattoria che ha dei posti liberi.

– Cosa prendi? – domanda Livia.
– Non lo so... Vorrei assaggiare un tipico piatto romano.
– Allora devi prendere spaghetti alla carbonara o penne all'amatriciana.
– Ok, prendo gli spaghetti.
– E io prendo le penne. Così puoi assaggiare anche il mio piatto.

La cucina del ristorante è molto buona. Karen e Livia mangiano con gusto. Livia è molto simpatica e Karen sta bene con lei. Quando Livia parla, Karen dice spesso: "Anch'io!", "Sì, anche per me è così!" e capisce che possono essere grandi amiche.
Alla fine della cena arriva il cameriere.

– Ragazze, volete il caffè?
– Io sì. Tu Karen?
– No, io preferisco un cappuccino.
– Un caffè e un cappuccino, perfetto. Arrivo subito!
– Sai Livia, Claudio dice che la sera gli italiani non prendono il cappuccino.

note

trattoria • piccolo ristorante *Di solito vado a cena in trattoria. Mi piace mangiare in modo semplice ed economico.*

spaghetti alla carbonara • spaghetti con uova, guanciale, pepe e pecorino

penne all'amatriciana • pasta con guanciale, pomodoro e peperoncino

– Sì, è così!
– Ma io bevo il cappuccino anche la sera e poi... non sono italiana!
– Ah, ah, è vero!

Livia e Karen sorridono.

– Ecco il caffè! E per te il cappuccino! – dice il cameriere.
– Cosa c'è Karen, sei triste? Il cappuccino non è buono? – domanda Livia.
– No. Ma non voglio questo cappuccino. Voglio un cappuccino con il cuore.
– Ho capito. Tu pensi sempre a Claudio.
– Sì. Livia, cosa devo fare?
– Devi tornare al suo bar, Karen. Domani. E devi capire dov'è il tuo amico.
– Sì, ma ho paura.
– Paura?
– Sì, la pistola, la telefonata... Non mi piace questa storia.
– Allora non devi pensare più a lui. Claudio è solo un amico, no?
– Sì...

fai gli ESERCIZI
vai a pagina 55

11. Castel Sant'Angelo

traccia 11

Dopo cena, Livia e Karen camminano per Roma: è una serata calda e piena di stelle. Da Trastevere le due ragazze attraversano Ponte Sisto, camminano sul Lungotevere e arrivano a Castel Sant'Angelo. Il monumento, nella notte piena di stelle, è bellissimo.
D'improvviso Karen si ferma.

– Livia, quello è Claudio!
– Dove?
– Lì, vicino a quella macchina nera. Con quegli uomini.
– Chi è, quello alto?
– Sì.
– Perché non vai da lui?
– No, non voglio. C'è anche una donna.
– Sì, ma... mamma mia, Karen, sono armati!
– Sì, e lui ha quella pistola...
– Ora lui parla con qualcuno al telefono...
– Sì. Ma cosa mettono sulla testa?
– Sono dei passamontagna.
– Ma perché? Fa caldo, siamo in estate.
– Karen, chi mette i passamontagna e ha una pistola in mano significa che vuole fare una rapina.
– Una rapina?
– Sì, sai cosa significa, no? Vogliono entrare in una banca e rubare i soldi.

note

stelle

d'improvviso • di sorpresa, in modo imprevedibile *– Perché ti fermi così d'improvviso? – Scusa, ma c'è un gatto in mezzo alla strada.*

armati • con armi

passamontagna

rubare • prendere cose di altri *In stazione hanno provato a rubare le mie valigie.*

– Ma allora Claudio è un ladro?
– Senti, Karen dobbiamo andare alla Polizia.
– No!
– Perché no? Il tuo amico non è un barista, è un ladro, non capisci? Questo spiega la pistola nella macchina!
– No, Claudio non può essere un ladro, non è possibile! Scusa ma io non voglio dire niente alla Polizia.
– Allora andiamo, vengo in albergo con te.

Claudio, la donna e gli altri uomini salgono sulla macchina nera. La macchina parte veloce e subito gira a destra. In pochi secondi non c'è più.

– Claudio non può essere un ladro. – continua a dire Karen.
– Karen, spesso le persone non sono come sembrano. Tu non conosci bene Claudio e non puoi sapere chi è veramente.
– Sì, è vero. Ma io so anche che Claudio è un ragazzo simpatico, gentile, carino. È un ragazzo speciale. Non può essere un ladro.

fai gli ESERCIZI
vai a pagina 56

12. Il Foro Romano

traccia 12

L'albergo di Karen è tra il Campidoglio e il Colosseo. Quando le due ragazze arrivano è mezzanotte.

– Karen, posso salire in camera con te. Vuoi?
– No, grazie, Livia. Preferisco stare un po' da sola.
– Però domani ti telefono, ok?
– Ok. Buonanotte.

Karen sale nella sua camera e va a letto. Chiude gli occhi, ma non può dormire. Così decide di uscire ancora e camminare un po' da sola. Esce dall'albergo e cammina tra i monumenti della Roma antica senza sapere dove andare. Pensa sempre a Claudio: un ladro? Non è possibile...

– MIAO!
– Ehi, ciao gatto! Sei sempre tu? Ma allora sei veramente un amico!
– MIAO...
– Sì, un vero amico. Non come Claudio.
– MIAO, MIAO...!
– Lo so, tu non conosci Claudio. Ma dove vai?
– MIAO...
– Il bar di Claudio è qui vicino... Ma cos'è questo rumore? Una sirena della Polizia!
– MIAOO!
– No, dove vai? Miao, vieni qui! Ma cosa succede?

BANG!

"Oh, mamma mia!"

▸ note

sirena • allarme, segnale acustico

Karen corre, non vuole vedere, non vuole sentire. Entra in una via, gira a destra, poi a sinistra, arriva in una piazza, poi si ferma. È stanca. Ma dov'è?

"Questo è il Foro Romano!" pensa Karen. "Il centro della Roma antica."

Il Foro Romano... Di giorno è sempre pieno di turisti. Ma ora è notte e non c'è nessuno. Ci sono solo le statue dei grandi imperatori romani: Giulio Cesare, Augusto, Nerone...
Karen ha paura, vuole andare via, ma capisce che non sa come tornare all'albergo.
Che ore sono? È mezzanotte e mezza. Ma quella non è una statua, quello è un uomo, un uomo con un cane....

– Mi scusi, signore.
– Cosa? Vuole sapere che ore sono?
– No, voglio un'informazione.
– Ah, la stazione! Beh, la stazione Termini non è molto vicina...

Karen capisce che il signore non sente bene. Allora ripete:

– Non devo andare alla stazione, voglio un'informazione!
– E perché grida in questo modo? Sì, a Termini c'è l'ufficio informazioni! Ma che treno vuole prendere?
– No, non voglio prendere un treno!
– No? Ma allora perché vuole andare alla stazione Termini? Lei è una ragazza strana, lo sa?

Karen non risponde.

"Questa è una notte strana." pensa Karen "È come un brutto sogno."

note

corre (inf. correre)

grida (inf. gridare) • urla, parla a voce alta *Ma perchè Andrea grida? I bambini stanno dormendo.*

sogno • le immagini che vediamo quando dormiamo *Stanotte ho fatto un brutto sogno.*

Karen saluta il signore e continua a camminare. Adesso Roma non è più così bella. Karen è stanca, triste, sola. Cammina trenta minuti, un'ora... Poi arriva su una strada molto grande: è via dei Fori Imperiali. In quel momento arriva un taxi. Karen torna in albergo. Sono le due di notte.

fai gli ESERCIZI
vai a pagina 58

13. Camera con vista

traccia 13

La mattina dopo. Sono le 10. Karen si sveglia e guarda la finestra: il Campidoglio, il Foro Romano, San Pietro, Castel Sant'Angelo. Davanti a suoi occhi c'è tutta la bellezza di Roma. Ma in questo momento Karen ha altri pensieri nella testa.

"Dove sono? Cosa faccio qui?" pensa.

Poi ricorda: la cena con Livia, Claudio con il passamontagna e la pistola, la polizia, il signore con il cane al Foro Romano...

Prende il telefono e legge le ultime notizie su "La Repubblica".
La prima notizia è:

la Repubblica.it
Il mondo in diretta — 24 ore su 24

BLITZ NELLA NOTTE:
LA POLIZIA CATTURA IL BOSS
DELLA MAFIA SANTINO MANNARO

Karen guarda le foto: la casa del boss mafioso, il palazzo, la piazza davanti al palazzo... Ma è la stessa piazza dove c'è il bar di Claudio!
Poi vede la foto del boss mafioso in mezzo a due poliziotti con il passamontagna. Il poliziotto a sinistra del boss mafioso ha un orologio giallo, come Claudio! Ma allora...
DRIIN! Il telefono della camera!

– Chi è?
– Signorina, è la reception: non vuole fare colazione? Dopo le 10 e 30 non è più possibile...
– Sì, scendo, grazie.
– Ah, un'altra cosa, signorina.
– Cosa?

– C'è un mazzo di rose per lei.
– Per me? E da chi?
– Non so, signorina. C'è un biglietto. Vuole il mazzo in camera?
– No, scendo io. Grazie.

Karen scende alla reception. Prende il mazzo di rose. Legge il biglietto:

> Queste rose sono per te.
> Scusami, oggi ti spiego tutto.
>
> Claudio

Claudio? Karen fa colazione e pensa: la casa del mafioso nella piazza del bar, il blitz della polizia quella notte, poi quella foto del boss mafioso con il poliziotto che ha lo stesso orologio di Claudio.

"Forse ho capito." pensa Karen.

Poi torna in camera. DRIIN! Ancora il telefono, DRIIN!

– Pronto!
– Pronto, Karen, sono Claudio!
– Claudio! Dove sei? Stai bene?
– Sì, tutto bene. Karen, dobbiamo parlare. Alle tre al bar, puoi?
– Sì, certo. E grazie per le rose.
– Ti piacciono? Sono 12, vero?
– Sì, credo di sì.
– Sai cosa significa regalare 12 rose rosse, per noi italiani?
– No... Ma tu ora dove sei?
– Scusa Karen, ora non posso parlare, devo andare. Alle tre al bar!

Karen saluta Claudio. Poi va alla finestra e guarda la città: Roma questa mattina è di nuovo bellissima.

fai gli ESERCIZI
vai a pagina 59

▸ note

mazzo di rose

14. Arrivederci Roma

traccia 14

Al bar di fronte al Colosseo c'è poca gente: due vecchi signori, qualche turista. Karen è seduta a un tavolo. Aspetta Claudio, vuole sapere, vuole capire. Ma sono le tre e un quarto e Claudio non c'è.
Dopo qualche minuto arriva un cameriere con un cappuccino.

– Per Lei, signorina.
– Ma io non...

Karen guarda il cappuccino: c'è un cuore di cacao.

– Karen!
– Claudio! Ma... allora lavori ancora qui?
– No, Karen. Io non sono un barista. Vedi quel palazzo?
– Sì, la casa del boss mafioso.
– Ah, tu lo sai!
– Sì, credo di sapere come stanno le cose: tu non sei un barista, ma sei un poliziotto. Il tuo lavoro è controllare dal bar la casa di quel boss mafioso.
– Esatto! Sì, è così, ma tu come fai a sapere tutte queste cose?
– Metto insieme le informazioni che ho. Come fai tu nel tuo lavoro, no?
– Sì. Karen, scusami, io...
– Non ti devi scusare: tu fai il tuo lavoro, e il tuo lavoro è anche non dire sempre la verità. Giusto?
– Sei una ragazza molto intelligente. Ma una cosa è vera: il cappuccino con il cuore.
– Allora sei davvero tu che fai il cappuccino?
– Sì, sono mesi che sto in questo bar! Non è così difficile preparare un cappuccino!

note

intelligente • che capisce con facilità, intuitiva *Mi piace molto parlare con Paola. È una donna intelligente e capace di ascoltare.*

– Ma è difficile fare un cappuccino così buono! E con il cuore!
– Beh, il cuore è solo per te.
– Solo per me? Adesso parli come barista o come poliziotto?
– Parlo come Claudio, tu conosci Claudio?
– Non so... Quello con la 500 gialla? Quello che ha una pistola e non dice niente?
– Sì, quello con la 500 gialla. Ma adesso dice la verità: è innamorato di te.
– Claudio non so cosa dire... Io domenica devo tornare in Germania...
– Lo so, ma questo non cambia niente. E poi, la moneta nella Fontana di Trevi, ricordi?
– Sì.
– La tradizione della moneta non sbaglia mai.
– È vero. Sono sicura che questo è solo il mio primo viaggio a Roma. Il primo di tanti.

A Roma è una bellissima giornata. C'è un sole caldo. La luce del sole arriva sul tavolo di Karen, ma lei non c'è. Sul tavolo c'è solo il cappuccino con il cuore di cacao.
Sulla strada corre una 500 gialla. Dentro ci sono due ragazzi felici.

FINE

fai gli ESERCIZI
vai a pagina 61

BAR

ESERCIZI 1. Aeroporto di Fiumicino

1 • Scegli la frase giusta.

1. Karen arriva a Roma
   - ☐ a. in treno.
   - ☐ b. in aereo.
   - ☐ c. in macchina.

2. Karen ha
   - ☐ a. due valigie grandi.
   - ☐ b. una valigia rossa e blu.
   - ☐ c. una valigia rossa e nera.

3. Karen è
   - ☐ a. tedesca, di Berlino.
   - ☐ b. francese.
   - ☐ c. tedesca, di Francoforte.

4. Claudio lavora
   - ☐ a. in un bar.
   - ☐ b. all'aeroporto.
   - ☐ c. al Colosseo.

2 • Completa le frasi con le parole della lista.

barista	ufficio informazioni	volta	alto	davanti

a. Karen scende dall'aereo e va all'____________________.
b. Claudio è un ragazzo ____________________.
c. Claudio lavora in centro, fa il ____________________.
d. Karen è a Roma per la prima ____________________.
e. Il bar dove lavora Claudio è ____________________ al Colosseo.

3 • Metti in ordine il dialogo.

- ☐ a. Piacere!
- ☐ b. Sì.
- 4 c. Sono tedesca.
- ☐ d. Di dove sei?
- ☐ e. Sei a Roma per la prima volta?
- 1 f. Io mi chiamo Claudio, molto piacere!
- ☐ g. Grazie!
- ☐ h. Allora... Benvenuta!

ESERCIZI 2. Il Campidoglio

1 • Scegli la frase giusta.

1. Karen parla con
   - ☐ a. un gatto.
   - ☐ b. un signore.

2. Karen vuole mangiare
   - ☐ a. una pizza.
   - ☐ b. un piatto di spaghetti.

3. Karen è al Campidoglio,
   - ☐ a. in centro.
   - ☐ b. nella parte moderna di Roma.

4. Karen dà al gatto
   - ☐ a. un po' di acqua.
   - ☐ b. un po' di latte.

2 • Completa le frasi con le parole della lista.

nero	tanti	antica	pesce

a. Il Campidoglio è nella parte più ________________ di Roma.
b. Il gatto mangia ________________.
c. Miao è bianco e ________________.
d. A Roma ci sono ________________ monumenti.

3 • Scrivi le parole della lista al posto giusto.

baffi	occhio	orecchie	zampe

4• Scegli la parola giusta.

– Signorina, **parla/parli** con me? – dice un signore.

– No no, scusi.... **parlo/parli** con questo gatto...

– Gatto? Io non **vedo/vedi** gatti.

– Ma dov'è? Miao, dove **sono/sei**?

– Di che colore **sono/è**?

– Bianco e nero...

– I gatti **vanno/va** dove c'è da mangiare, signorina.... Vede, è lì vicino a quel turista, **mangia/mangi** una pizza.

Il Campidoglio

Il Campidoglio è un posto importante dai tempi dei Romani. Ora c'è il palazzo del Comune, dove lavora il sindaco di Roma. La bellissima piazza davanti al palazzo è opera di Michelangelo, al centro c'è la statua dell'imperatore Marco Aurelio.

ESERCIZI 3. Il Colosseo

1 • Scegli la frase giusta.

1. Karen incontra Claudio
   - ☐ a. al Colosseo.
   - ☐ b. in un bar.
   - ☐ c. in un ristorante.

2. Karen riceve un messaggio
   - ☐ a. da Claudio.
   - ☐ b. da sua madre.
   - ☐ c. da sua sorella.

3. Cosa fa Claudio per Karen?
   - ☐ a. disegna un cuore sul Colosseo.
   - ☐ b. manda un messaggio con un cuore.
   - ☐ c. fa un cuore di cacao sul cappuccino.

4. Claudio invita Karen
   - ☐ a. a prendere un gelato.
   - ☐ b. a vedere il suo gatto Miao.
   - ☐ c. a visitare il Colosseo insieme.

2 • Completa le frasi con le parole della lista.

strada	antica	prendiamo	monumento

a. Il vero nome del Colosseo è Anfiteatro Flavio. È il più importante ____________ della Roma ____________ e uno dei simboli dell'Italia.

b. Dopo un'ora Karen finisce la sua visita. Di fronte al Colosseo c'è un piccolo bar con i tavoli sulla ____________

c. – Sì, camminiamo e ____________ un gelato! Qui vicino c'è un mio amico che fa dei gelati buonissimi!

3 • Metti in ordine il dialogo.

[1] a. Ciao Karen!
[ ] b. E fai i cappuccini con il cuore per tutti i clienti?
[ ] c. Mmmh, è vero, è buonissimo!
[ ] d. Claudio! Tu lavori qui?
[ ] e. No! Solo per LE clienti speciali, come te!
[ ] f. Ahaha! Grazie! È molto bello! Adesso però mi dispiace bere!
[ ] g. Bene! Allora, ti piace Roma?
[ ] h. Sì!
[ ] i. Ma sì, bevi! Il mio cappuccino è buonissimo. Nessuno a Roma fa cappuccini così buoni!
[ ] l. Ma certo, è una città meravigliosa.

ESERCIZI 4. In centro

1 • Vero o falso?

	V	F
a. Karen e Claudio prendono un gelato a Fontana di Trevi.	☐	☐
b. Karen rimane a Roma per dieci giorni.	☐	☐
c. Claudio ha un orologio giallo.	☐	☐
d. Karen non trova le chiavi.	☐	☐
e. Nella 500 Karen trova una pistola.	☐	☐

2 • Completa i testi con il presente dei verbi.

a. Karen è felice. La sua vacanza (*iniziare*) ____________________ molto bene. È bello essere a Roma e avere qualcuno che (*conoscere*) ____________________ la città.
Alle sei e dieci Karen (*ritornare*) ____________________ al bar per l'appuntamento.

b. Karen e Claudio (*entrare*) ____________________ in macchina. La 500 (*attraversare*) ____________________ il centro di Roma, pieno di gente e di colori: piazza Venezia, il Foro Romano, il Pantheon… Karen è felice: (*essere*) ____________________ bello vedere Roma da una 500 gialla!

c. Claudio (*parcheggiare*) ____________________ la macchina e (*scendere*) ____________________ Anche Karen scende. I due ragazzi (*andare*) ____________________ verso la gelateria.

3 • Completa le frasi con le parole della lista.

sedile | telefono | orologio | settimana | chiavi | pistola

a. Claudio ha un ____________________ giallo.
b. Claudio dà a Karen le ____________________ della macchina.
c. Karen rimane a Roma solo una ____________________.
d. Karen cerca il ____________________; guarda sotto il ____________________ e trova una ____________________.

ESERCIZI 5. Piazza Navona

1 • Scegli la frase giusta.

1. Quando Karen e Claudio arrivano in piazza Navona
   - ☐ a. fa molto caldo.
   - ☐ b. la piazza è vuota.
   - ☐ c. ci sono molti turisti.

2. La gelateria di Giovanni
   - ☐ a. sembra una grande nave.
   - ☐ b. è piccola.
   - ☐ c. ha una porta azzurra.

3. Nella gelateria, Claudio prende
   - ☐ a. un gelato nuovo.
   - ☐ b. un gelato che prende sempre.
   - ☐ c. un cappuccino.

4. Claudio dice che di solito dopo cena gli italiani
   - ☐ a. prendono un caffè.
   - ☐ b. prendono un cappuccino.
   - ☐ c. non prendono niente.

Piazza Navona

Piazza Navona ha una forma strana, perché in origine era uno stadio romano, lungo 276 metri e largo 106, utilizzato per le gare di atletica. La piazza è famosa anche per la fontana dei Quattro Fiumi, di Gian Lorenzo Bernini. Di fronte alla fontana, un altro monumento importante, la Chiesa di Sant'Agnese in Agone, dell'altro grande architetto della Roma barocca, Francesco Borromini.

2 • Trova in ogni lista di parole "l'intruso", cioè la parola che non ha relazione con le altre, come nell'esempio.

a. fragola, cioccolato, crema, ~~colazione~~	colazione
b. palazzi, gelati, statue, chiese	
c. verde, bianco, cappuccino, rosso	
d. piazza, gelato, cappuccino, caffè	
e. mattina, pomeriggio, turista, sera	

3 • Inserisci ogni parola dell'esercizio 2 (tranne "gli intrusi"!) nella lista corretta.

cose da mangiare e bere

momenti della giornata

i colori dell'Italia

cose da vedere in città

gusti del gelato

ESERCIZI 6. La Fontana di Trevi

1 • Vero o falso?

	V	F
a. Karen e Claudio visitano la Fontana di Trevi la sera.	☐	☐
b. Karen chiede a Claudio perché ha una pistola.	☐	☐
c. Karen fa molte foto alla Fontana di Trevi.	☐	☐
d. Claudio dice a Karen come lanciare la moneta in acqua.	☐	☐
e. Claudio fa una telefonata e poi entra in macchina.	☐	☐

2 • Ricostruisci le frasi.

a. Le vie e le piazze [3]
b. Claudio prende Karen ☐
c. Nelle foto la piazza ☐
d. Quando lanci la moneta ☐
e. Tu puoi tornare in albergo ☐

1. sembra più grande.
2. non devi guardare la fontana.
3. ~~sono piene di gente e di luci.~~
4. con un taxi.
5. per mano.

La Fontana di Trevi

La Fontana di Trevi (1735) è uno di posti più visitati e fotografati della "città eterna". Secondo una famosa tradizione popolare chi vuole tornare a Roma deve lanciare una moneta nella fontana: per questo motivo tutti i turisti che vanno a Roma passano dalla Fontana di Trevi con una moneta, con la speranza di tornare presto! Molti conoscono la Fontana di Trevi per la famosa scena del film *La dolce vita* di Fellini, dove Anita Ekberg invita Marcello Mastroianni a fare il bagno nella fontana.

3 • Scegli la parola giusta

– Che cos'hai, Karen? Qualcosa non **vai/va**?
– No, no... Tutto bene. **Sono/Ho** solo un po' stanca.
– Adesso possiamo scendere. La Fontana di Trevi **è/c'è** qui vicino. E a quest'ora **è/c'è** meravigliosa!
– Dov'è?
– Ancora pochi metri... **c'è/è** qui a destra. Vedi?
– La piazza è così piccola... Nelle foto **sembra/sembro** più grande!
– Non è bella, di sera?
– Sì, è molto bella.
– **Devi/Deve** lanciare una moneta nell'acqua. Per tornare ancora a Roma.
– Sì, **so/sai** tutto! **Ho/Sono** qui una moneta.

ESERCIZI 7. San Pietro

1 • Scegli la frase giusta.

1. Karen si sveglia e
   - ☐ a. telefona a Claudio.
   - ☐ b. pensa a Claudio.

2. Karen visita San Pietro
   - ☐ a. da sola.
   - ☐ b. con un'amica.

3. La Cappella Sistina
   - ☐ a. è sulla cupola.
   - ☐ b. è nei Musei Vaticani.

4. Karen vuole tornare al bar
   - ☐ a. per bere un cappuccino.
   - ☐ b. per parlare con Claudio.

Musei Vaticani

Nei Musei Vaticani è possibile trovare capolavori di ogni epoca, ma sicuramente l'opera più famosa è il *Giudizio Universale* di Michelangelo, il famoso affresco nella Cappella Sistina, dove avviene l'elezione dei papi. Michelangelo lavora al *Giudizio Universale* per cinque anni, dal 1536 al 1541, e alla fine riceve anche alcune critiche perché molti considerano la sua opera poco rispettosa verso la religione cristiana.

2 • Scegli la parola giusta.

Karen si veste ed esce. Cammina per le strade di Roma. C'è un **bellissimo/bellissime** sole e ci sono **molto/molti** turisti.
Un'ora dopo Karen è a San Pietro, la chiesa più famosa **del/dello** mondo. La ragazza entra **nella/nel** chiesa. Poi sale **sulla/sul** cupola, da dove è possibile vedere tutta Roma. Che spettacolo!

3 • Completa le domande con gli interrogativi della lista.

chi	come	dove	perché

a. __________ è possibile tanta bellezza?
b. Ma lui __________ è in questo momento?
c. E __________ è veramente Claudio?
d. __________ ha una pistola in macchina?

ESERCIZI 8. Via del Corso

1 • Vero o falso?

	V	F
a. Il cameriere del bar non conosce Claudio.	☐	☐
b. Karen non beve il cappuccino al bar.	☐	☐
c. Karen vuole fare un po' di shopping.	☐	☐
d. La commessa del negozio è gentile.	☐	☐
e. Karen compra un vestito rosso.	☐	☐
f. Livia invita Karen a prendere un aperitivo.	☐	☐
g. L'appuntamento è davanti al Colosseo.	☐	☐

2 • Scrivi le parole della lista al posto giusto.

maglietta	camicetta	cappello	pantaloni

3 • Completa il testo con i verbi della lista.

mi piace	preferisci	provi	è	hai
ti piace	dice	voglio	mi piace	

– Perché non __________ questa maglietta? O quel vestito? – __________ la commessa.
– Cosa?
– Non __________ il rosso? ______________ il giallo?
– No, il rosso __________, ma non __________ comprare niente.
– Facciamo così: __________ un mio regalo. Per te.
– Cosa? Un regalo?
– Sì, perché no? Non __________ vedere una ragazza triste. Questa maglietta è perfetta per te.
– Davvero...? Ma io...
– Tu __________ bisogno di un regalo! Il camerino è lì a destra.

4 • Completa il cruciverba.

Orizzontali

5. Karen dice che Livia è una persona __________.
6. È la via dello shopping a Roma: via del __________.
7. Il contrario di "felice".

Verticali

1. Lei lavora in un negozio. Fa la __________.
2. Il cameriere del bar è __________.
3. Dove proviamo i vestiti.
4. Sinonimo di "abito".

ESERCIZI 9. Piazza del Popolo

1 • Vero o falso?

	V	F
a. Karen e Livia hanno appuntamento in un bar.	☐	☐
b. Le due ragazze prendono un aperitivo.	☐	☐
c. Karen e Livia incontrano nel bar famosi artisti.	☐	☐
d. Dopo l'aperitivo, le due ragazze vanno a cena insieme.	☐	☐

2 • Completa i testi con le parole della lista.

sinistra	pistola	magica	foto
scrittori	famoso	aperitivo	

a. Piazza del Popolo è una delle piazze più belle di Roma. È una piazza __________, speciale. Nella piazza ci sono due chiese. Sono due chiese gemelle. Karen è seduta vicino alla chiesa di __________. Alle sei e mezza arriva Livia.

b. Il Bar Rosati è uno storico bar romano, molto __________ negli anni 60. È il bar degli __________ e degli artisti. Dentro ci sono le __________ di grandi italiani: Pier Paolo Pasolini, Federico Fellini... Mentre prendono l'__________, Karen racconta tutto a Livia: le valigie, il cappuccino con il cuore, la serata con Claudio, la __________. E poi la telefonata.

3 • Metti in ordine il dialogo.

1 a. Questa storia è molto strana, Karen. Non so cosa pensare.
☐ b. Non lo so.... Vuoi un altro spritz?
☐ c. Uno spritz, è il nome dell'aperitivo.
☐ d. Un problema? Quale problema?
☐ e. Neanche io. In Italia è normale avere una pistola in macchina?
☐ f. Uhm... non so, io adesso ho fame.
☐ g. No di certo! Ma forse Claudio ha una pistola perché ha paura di qualcosa. Forse ha un problema.
☐ h. Un altro cosa?

Piazza del Popolo

Una piazza del 1800, un obelisco egizio, due chiese gemelle barocche. Ma in Piazza del Popolo troviamo anche la chiesa di Santa Maria del Popolo che contiene capolavori di Caravaggio, Pinturicchio, Annibale Caracci, e architetture di Raffaello Sanzio e di Bramante.
In questo grande spazio di Roma, insomma, vivono insieme storia antica, Rinascimento, Barocco e età moderna. Un piccolo esempio del perché Roma si chiama "la città eterna"!

ESERCIZI 10. Trastevere

1 • Scegli la frase giusta.

1. Karen e Livia vanno a mangiare
   - ☐ a. in un ristorante.
   - ☐ b. in una trattoria.

2. Le due amiche ordinano
   - ☐ a. due piatti diversi.
   - ☐ b. lo stesso piatto.

3. Karen sta bene con Livia perché
   - ☐ a. è simile a lei.
   - ☐ b. conosce bene Roma.

4. Dopo cena Karen prende
   - ☐ a. un caffè.
   - ☐ b. un cappuccino.

2 • Ricostruisci le frasi.

a. Trastevere è il quartiere ☐
b. Livia conosce ☐
c. Vorrei assaggiare ☐
d. Alla fine della cena ☐
e. La sera gli italiani ☐

1. un tipico piatto romano.
2. non prendono il cappuccino.
3. dove i romani vanno a mangiare.
4. arriva il cameriere.
5. una piccola trattoria.

Trastevere

Camminare per Trastevere significa vivere la vera atmosfera di Roma: nelle sue strade strette e tipiche troviamo piccoli mercati, negozi, bar, ristoranti con piatti della tradizione romana e piazze di grande bellezza come quella di Santa Maria in Trastevere, con la famosa chiesa e i suoi antichi mosaici.
La sera, Trastevere diventa un quartiere vivace e pieno di turisti e di giovani romani che vogliono incontrarsi e divertirsi.

ESERCIZI 11. Castel Sant'Angelo

1 • Vero o falso?

		V	F
a.	Karen e Livia visitano Castel Sant'Angelo.	☐	☐
b.	Karen vede Claudio da lontano.	☐	☐
c.	Karen vuole parlare con Claudio.	☐	☐
d.	Claudio non vede le due ragazze.	☐	☐
e.	Claudio è armato.	☐	☐
f.	Karen e Livia vanno alla Polizia.	☐	☐
g.	Claudio va via con la sua auto gialla.	☐	☐

2 • Scegli la parola giusta.

Dopo cena, Livia e Karen camminano **per/in/su** Roma: è una serata calda e piena **con/di/da** stelle. **Da/In/Su** Trastevere le due ragazze attraversano Ponte Sisto, camminano **sul/nel/del** Lungotevere e arrivano **in/su/a** Castel Sant'Angelo. Il monumento, **nella/dalla/sulla** notte piena **con/di/da** stelle, è bellissimo.

3 • Completa il testo con le parole della lista.

pistola	alto	testa	donna
mamma	telefono	nera	

– Livia, quello è Claudio!
– Dove?
– Lì, vicino a quella macchina _________. Con quegli uomini.
– Chi è, quello _________?
– Sì.
– Perché non vai da lui?
– No, non voglio. C'è anche una _________.
– Sì, ma... _________ mia, Karen, sono armati!
– Sì, e lui ha quella _________...
– Ora lui parla con qualcuno al _________...
– Sì. Ma cosa mettono sulla _________?

4 • Completa il testo con il presente dei verbi.

Claudio, la donna e gli altri uomini (*salire*) _____________ sulla macchina nera. La macchina (*partire*) _____________ veloce e subito (*girare*) _____________ a destra. In pochi secondi non c'è più.

– Claudio non (*potere*) _____________ essere un ladro. – continua a dire Karen.
– Karen, spesso le persone non sono come (*sembrare*) _____________. Tu non (*conoscere*) _____________ bene Claudio e non (*potere*) _____________ sapere chi è veramente.
– Sì, è vero. Ma io (*sapere*) _____________ anche che Claudio è un ragazzo simpatico, gentile, carino. È un ragazzo speciale. Non (*potere*) _____________ essere un ladro.

ESERCIZI 12. Il Foro Romano

1 • Scegli la frase giusta.

1. Karen va all'albergo
   - ☐ a. da sola.
   - ☐ b. con Livia.

2. In camera Karen
   - ☐ a. non può dormire.
   - ☐ b. guarda un film.

3. Karen la notte
   - ☐ a. visita il Foro Romano.
   - ☐ b. incontra un gatto.

4. Karen corre perché
   - ☐ a. sente dei rumori.
   - ☐ b. cerca il gatto.

2 • Completa i testi con il presente dei verbi.

a. Karen (*salire*) ______________ nella sua camera e (*andare*) ______________ a letto. (*Chiudere*) ______________ gli occhi, ma non (*potere*) ______________ dormire. Così (*decidere*) ______________ di uscire ancora e camminare un po' da sola. (*Uscire*) ______________ dall'albergo e (*camminare*) ______________ tra i monumenti della Roma antica senza sapere dove andare. (*Pensare*) ______________ sempre a Claudio: un ladro? Non (*essere*) ______________ possibile...

b. Karen (*correre*) ______________, non (*volere*) ______________ vedere, non (*volere*) ______________ sentire. (*Entrare*) ______________ in una via, (*girare*) ______________ a destra, poi a sinistra, (*arrivare*) ______________ in una piazza, poi (*fermarsi*) ______________. (*Essere*) ______________ stanca.

3 • Ricostruisci le frasi.

a. Preferisco stare ☐
b. Karen sale ☐
c. Esce senza sapere ☐
d. Non sa come ☐
e. Non devo andare ☐
f. Arriva su una strada ☐

1. dove andare.
2. un po' da sola.
3. molto grande.
4. alla stazione.
5. nella sua camera.
6. tornare all'albergo.

Il Foro Romano

Il Foro Romano inizia a essere il centro della vita politica di Roma già nel VI a. C.: è qui che passano gli imperatori dopo le vittorie nelle guerre, è qui che troviamo mercati, tribunali, piazze e templi. Ora il Foro è ancora il centro di Roma, ma questa volta il centro culturale e turistico.

ESERCIZI 13. Camera con vista

1 • Vero o falso?

	V	F
a. Il boss mafioso nella foto ha un orologio giallo.	☐	☐
b. La casa del boss è nella stessa piazza dove lavora Claudio.	☐	☐
c. Claudio aspetta Karen alla reception.	☐	☐
d. Karen e Claudio hanno appuntamento alle tre al bar.	☐	☐
e. Karen riceve una telefonata da Francoforte.	☐	☐

2 • Completa i testi con le parole della lista..

sinistra	mafioso	polizia
colazione	poliziotti	giallo

a. Karen guarda le foto: la casa del boss _____________, il palazzo, la piazza davanti al palazzo... Ma è la stessa piazza dove c'è il bar di Claudio! Poi vede la foto del boss mafioso in mezzo a due _____________ con il passamontagna. Il poliziotto a _____________ del boss mafioso ha un orologio _____________, come Claudio! Ma allora...

b. Karen fa _____________ e pensa: la casa del mafioso nella piazza del bar, il blitz della _____________ quella notte, poi quella foto del boss mafioso con il poliziotto che ha lo stesso orologio di Claudio.

3 • Metti in ordine il dialogo.

1 a. Pronto!
☐ b. Sì, certo. E grazie per le rose.
☐ c. No... Ma tu ora dove sei?
☐ d. Sì, tutto bene. Karen, dobbiamo parlare. Alle tre al bar, puoi?
☐ e. Pronto, Karen, sono Claudio!
☐ f. Sì, credo di sì.
☐ g. Ti piacciono? Sono 12, vero?
☐ h. Scusa Karen, ora non posso parlare, devo andare. Alle tre al bar!
☐ i. Claudio! Dove sei? Stai bene?
☐ l. Sai cosa significa regalare 12 rose rosse, per noi italiani?

12 rose

Claudio regala a Karen 12 rose: in Italia i fiori hanno un significato e, quando regaliamo rose a qualcuno, anche il loro numero dà un messaggio: 12 rose significano: "resta con me"; 3 rose invece significano "ti amo", mentre con 9 rose vogliamo dire "insieme per tutta la vita". Per una domanda di matrimonio senza parole, invece, le rose devono essere 108. Però attenzione: le rose devono essere rosse!

ESERCIZI 14. Arrivederci Roma

1 • Scegli la frase giusta.

1. Nel bar di fronte al Colosseo
   - ☐ a. ci sono molti turisti.
   - ☐ b. ci sono poche persone.

2. Claudio è
   - ☐ a. un poliziotto.
   - ☐ b. un barista.

3. Claudio dice a Karen
   - ☐ a. che deve partire.
   - ☐ b. che è innamorato di lei.

4. Karen decide di
   - ☐ a. partire per la Germania e tornare a Roma in futuro.
   - ☐ b. restare a Roma.

2 • Completa il testo con i verbi.

– Karen!
– Claudio! Ma... allora (*lavorare*) ____________ ancora qui?
– No, Karen. Io non (*essere*) ____________ un barista. (*Vedere*) ____________ quel palazzo?
– Sì, la casa del boss mafioso.
– Ah, tu lo (*sapere*) ____________!
– Sì, (*credere*) ____________ di sapere come (*stare*) ____________ le cose: tu non (*essere*) ____________ un barista, ma (*essere*) ____________ un poliziotto. Il tuo lavoro è controllare dal bar la casa di quel boss mafioso.
– Esatto! Sì, è così, ma tu come (*fare*) ____________ a sapere tutte queste cose?
– (*Mettere*) ____________ insieme le informazioni che (*avere*) ____________. Come (*fare*) ____________ tu nel tuo lavoro, no?

3 • Scegli la parola giusta.

a. Al bar di fronte al Colosseo **ci sono/c'è** poca gente: due vecchi signori, qualche turista. Karen è seduta a un tavolo. **Aspetta/Aspette** Claudio, vuole sapere, vuole capire. Ma **è/sono** le tre e un quarto e Claudio non **c'è/è**.
Dopo qualche minuto **arriva/arrive** un cameriere con un cappuccino.

b. A Roma **è/c'è** una bellissima giornata. **È/C'è** un sole caldo. La luce del sole arriva sul tavolo di Karen, ma lei non **è/c'è**. Sul tavolo **c'è/è** solo il cappuccino con il cuore di cacao.
Sulla strada **corra/corre** una 500 gialla. Dentro **sono/ci sono** due ragazzi felici.

4 • Rispondi alle domande.

a. Di che colore è la valigia di Karen (e di Claudio)?

____

b. Dove conosce Karen il suo amico Miao?

____

c. Cosa trova Karen nella macchina di Claudio?

____

d. Dov'è la gelateria di Giovanni?

____

e. Perché Karen lancia una moneta nella Fontana di Trevi?

____

f. Cosa fa Karen in via del Corso?

____

g. Perché Livia regala a Karen una maglietta?

____

h. Dove prendono un aperitivo Karen e Livia?

____

i. Cosa mangia Karen a cena?

____

l. Cosa hanno in testa Claudio e i suoi colleghi?

____

SOLUZIONI ESERCIZI

1. Aeroporto di Fiumicino

1• 1/b; 2/c; 3/c; 4/a • 2• a. ufficio informazioni; b. alto; c. barista; d. volta; e. davanti • 3• 1/f, 2/a, 3/d, 4/c, 5/e, 6/b, 7/h, 8/g

2. Il Campidoglio

1• 1/a; 2/a; 3/a; 4/a • 2• a. antica; b. pesce; c. nero; d. tanti • 3• a. orecchie; b. occhio; c. baffi; d. zampe • 4• parla, parlo, vedo, sei, vanno, mangia

3. Il Colosseo

1• 1/b; 2/b; 3/c; 4/a • 2• a. monumento, antica; b. strada; c. prendiamo • 3• 1/a, 2/d, 3/h, 4/b, 5/e, 6/f, 7/i, 8/c, 9/g, 10/l

4. In centro

1• V: c, e; F: a, b, d • 2• a. inizia, conosce, ritorna; b. entrano, attraversa, è; c. parcheggia, scende, vanno • 3• a. orologio; b. chiavi; c. settimana; d. telefono, sedile, pistola

5. Piazza Navona

1• 1/c; 2/b; 3/b; 4/a • 2• a. colazione; b. gelati; c. cappuccino; d. piazza; e. turista • 3• **cose da mangiare e da bere:** gelato, cappuccino, caffè; **momenti della giornata:** mattina, pomeriggio, sera; **i colori dell'Italia:** verde, bianco, rosso; **cose da vedere in città:** palazzi, statue, chiese; **gusti del gelato:** fragola, cioccolato, crema

6. La Fontana di Trevi

1• V: a, d; F: b, c, e • 2• a/3; b/5; c/1; d/2; e/4 • 3• va, Sono, è, è, è, sembra, Devi, so, Ho

7. San Pietro

1• 1/b; 2/a; 3/b; 4/b • 2• bellissimo, molti, del, nella, sulla • 3• a. Come; b. dove; c. chi; d. Perché

8. Via del Corso

1• V: b, d; F: a, c, e, f, g • 2• a. cappello; b. camicetta; c. maglietta; d. pantaloni • 3• provi, dice, ti piace, Preferisci, mi piace, voglio, è, mi piace, hai • 4•

				1						
				C						
		2		O						
		B		M			3		4	
		A		M			C		V	
5		S	P	E	C	I	A	L	E	
		S		S			M		S	
6	C	O	R	S	O		E		T	
				A			R		I	
				7	T	R	I	S	T	E
							N		O	
							O			

9. Piazza del Popolo

1• V: b, d; F: a, c • 2• a. magica, sinistra; b. famoso, scrittori, foto, aperitivo, pistola • 3• 1/a, 2/e, 3/g, 4/d, 5/b, 6/h, 7/c, 8/f

10. Trastevere

1• 1/b; 2/a; 3/a; 4/b • 2• a/3; b/5; c/1; d/4; e/2

11. Castel Sant'Angelo

1• V: b, d, e; F: a, c, f, g • 2• per, di, Da, sul, a, nella, di • 3• nera, alto, donna, mamma, pistola, telefono, testa • 4• salgono, parte, gira, può, sembrano, conosci, puoi, so, può

12. Il Foro Romano

1• 1/b; 2/a; 3/b; 4/a • 2• a. sale, va, Chiude, può, decide, Esce, cammina, Pensa, è; b. corre, vuole, vuole, Entra, gira, arriva, si ferma, È • 3• a/2, b/5; c/1; d/6; e/4; f/3

13. Camera con vista

1• V: b, d; F: a, c, e • 2• a. mafioso, poliziotti, sinistra, giallo; b. colazione, polizia • 3• 1/a, 2/e, 3/i, 4/d, 5/b, 6/g, 7/f, 8/l, 9/c, 10/h

14. Arrivederci Roma

1• 1/b; 2/a; 3/b; 4/a • 2• lavori, sono, Vedi, sai, credo, stanno, sei, sei, fai, Metto, ho, fai • 3• a. c'è, Aspetta, sono, c'è, arriva; b. è, C'è, c'è, c'è, corre, ci sono • 4• a. La valigia di Karen (e Claudio) è nera e rossa; b. Karen conosce il suo amico Miao vicino al Campidoglio; c. Nella macchina di Claudio Karen trova una pistola; d. La gelateria di Giovanni è in piazza Navona; e. Karen lancia una moneta della Fontana di Trevi perché vuole tornare a Roma; f. In via del Corso Karen entra in un negozio di vestiti; g. Livia regala a Karen una maglietta perché le sembra triste; h. Karen e Livia prendono un aperitivo al bar Rosati in piazza del Popolo; i. A cena Karen mangia spaghetti alla carbonara; l. Claudio e i suoi colleghi hanno in testa dei passamontagna.